JN437808

길道, 질주와 소요의 공간

길道, 질주와 소요의 공간

—

초판 1쇄 2018년 5월 31일
지은이 박봉규
펴낸이 김영재
펴낸곳 책만드는집

—

주소 서울 마포구 양화로3길99 4층(04022)
전화 3142-1585·6
팩스 336-8908
전자우편 chaekjip@naver.com
출판등록 1994년 1월 13일 제10-927호

—

ISBN 978-89-7944-655-5 (03810)

박봉규 시집

길道, 질주와 소요의 공간

책만드는집

| 시인의 말 |

이 세상
나올 때부터 뻔뻔했다
어머니와 아버지의 아들이 되는 것
한 여자의 순수를 얼룩지우는 남편
아들과 딸에게 마냥 부끄러워가는 아버지
항상
보듬어주는 이웃에 안기지 못하는 무명無明의 업業
어찌 뻔뻔하지 않고서야 그러랴

어두운 밤
숨어 써온 詩에 촛불을 밝혀보는 짓
뻔뻔하지 않고서야 어찌 그러랴

그 뻔뻔함이 이제는 촛불에 타는
아픔으로 다가올 것이다
치유로 가는 길일런가

-2018년 5월
박봉규

| 차례 |

2부 우리를 기쁘게 하는 것들

3부 노자와 함께 커피 한잔

4부 수탉의 체념

5부 박제된 시간에서

1부

비우고 일어서기

새들은 왜 무인도에 사는가

새들은
무인도에 둥지를 튼다
거기에서야 새들은 새들이다

새들이 세간世間에 둥지를 틀면
새들은 사람이 되어간다

사람들의 세간이
새들의 무리에 들어가면
새들의 세간은 무너진다

새들과 사람들의 사이가
멀어져만 가고 있다

딸아이 시집보내는 날

더 가까이 오기 위해 떠나는 것일 게다
내 안에 더 깊이 오기 위해
이렇듯 너는 떠나는 것일 게다

동화 속 어느 눈보다 더 흰 순백으로
품에 안길 때
아빠는 신神이었을 것

신이 어찌 땅에 있다더냐

하늘의 신이 되고자픈 열망의 언저리에는
항상 외로움이 아빠를 기다렸단다

2010년 3월 18일, 목요일
이때만은
외로움이 신보다 찬란하구나

언젠가 딸도 신이 되겠지

오늘 이제서야
아빠는 사람이었음을 너에게 고백한다

그렇지만 우리는
서로 지켜갈 신이며 사람이란다.

야근

모두가 잠든 밤에
일터에서 지새우는
나는
살아 있는 한 마리 들새

모두가 일하는 대낮에
숨어 잠자는 나는
죽어가는 한 마리 들새

모두가 잠잘 때
잠을 잊은 나는
꿈을 심는 한 마리 들새

죽어가며 살아가려는 한 마리 들새
죽어가면서도 살려는 한 마리 들새

매화梅花 설화雪花

분홍의 마지막 색깔을
불태우는 매화는

매실을 맺기 위한 막바지 산고産苦
매화는 의연하게 해산解産한다

더 갈 수 없는 흰색으로
눈雪은 산천초목에
순백의 꽃을 깐다

눈은 결연하게 경계를 허문다

어떤 허전한 대화

어머님 거처
햇볕에 힘이 없네요
소나무들이 일조권을 침해했나 봐요
저 소나무들 어찌할까요

그냥 두라고요?
그것들도 생명이라고요?

어머님께 술 한 잔 올릴 때
핸드폰이 울렸다

어서 받으라고요?
급한 일인 모양이라고요?

어머님 생전에 못 사드렸는데
저는 가지고 다니네요
죄송해요

너 편하면 좋으시다고요?

어머님은 좋으시겠지만 저는 허전하네요

비우고 일어서기

파란 하늘을 산이 울타리 친
오지의 그곳
산새 지저귀고 개울물 소리
어우러진 그곳

통나무 다리가 세월에 무너져
징검다리 된 오지의 고향 길목에서
쉼 없이 도망 온 가쁜 숨 잠시 놓아본다

흘러오는 물 졸졸졸 내게 온다

오라, 어서!

그것이 지나간 사랑이고 가누지 못할 슬픔일망정
오고 싶으면 미안한 생각 없이 오라

흘러가는 물 좔좔좔 날 떠나간다

가라, 어서!

그것이 못 만날 그리움이고 놓지 못할 기다림일망정
가고 싶으면 미안한 생각 버리고 가라
흔적 남기지 말고 거두어 가라

가쁜 숨 가다듬고
다시 일어선다

소녀와 초병哨兵

원시原始를 몰고 오는 해풍에
철조망에 매달린 빈 깡통은
그만 흐느껴 운다

수평선 이쪽 해안
국방색 그물로 위장한
언덕 위 9초소

초병의 쌍안경이
울음을 찾아 나선다

해안가 철조망 먼 너머에
긴 머리 소녀가
소라의 노래를 줍고 있다

소라의 노래는 해조음이 앗아 가고
소녀의 눈망울에 맺히는 이슬이

쌍안경에 번진다

지금

그때

소라의 노래가 듣고 싶다

정중동중정靜中動中靜

밀물이 산을 몰고 달려온다
달리다 못해 넘어온다
산을 삼키며 넘어서 온다

썰물이 산을 몰고 달려간다
달리다 못해 넘어간다
산을 토하며 넘어서 간다

전철 단상

하품으로 피곤을 토하며
잠긴 눈으로
오늘 부딪힐 고통 그려진
수첩 들추며

혹은 아픈 기억 도려내느라 눈 감고
혹은 희망 하나 그리고자 눈 감고

더러는 서서 흔들리고
더러는 앉아서 흔들리는
전철 안에서

꽃들이 피어나느라 흔들린다

회광반조 迴光返照

머잖은 옛날
애기가 요절하면
거울과 함께 묻었다

거울 보고 노느라
바깥에 나오지 말라고

이상한 친구가 그립다
거울 같은 건
볼 일이 없었다
볼 일도 없었다
그러면서도 늘 단정했다

제 얼굴이 일그러질 녘이면
언제나
우물을 찾아간다

우물 속 깊이 일그러진 얼굴 던지다 보면
한없이 던지다 보면
우물은 친구를 맞이한다

어느 날
우물 찾아 나선 친구, 제 얼굴 보러 간 친구
우물 속에 저를 던지고 말았다

장미는 낮에만 옷을 벗는다

장미는 낮에만 옷을 벗는다
아름다움을 뽐내기가 아니라
저를 그리 몸 받기 위해서다

장미는
하늘이 내려주는 햇볕과
밤이 보여주는 별과
땅이 물려주는 젖과
때론
비바람의 시련까지도
허투루 버리지 않고 품어 안는다

장미는
밤이 되면 하늘과 땅, 밤과 별, 비바람을
제 몸에 짜 맞춘다

사람은 낮에만 옷을 입는다

하늘에게 알몸을 보여주기 부끄러워서다

사람의 일이란 거개가 그런 것이다

옷이 걸으면 못 이겨 사람이 뒤따른다
옷이 두꺼울수록
걸음은 뒤뚱거린다

거울아 거울아

거울아 거울아
너는 왜 주워 담기만 하니
너는 욕심꾸러기구나

거울아 거울아
너는 어떻게 하늘이 오게 하니
어떻게 너는 산이 되니
어떻게 너는 내가 되니

거울아 거울아
너는 왜 비우기만 하니
너는 욕심이 없구나

거울아 거울아
하늘이
산이
내가

너에게서 떠나가도
너는 왜 붙잡지 않니

"거울은 원래 그래"

거울아 거울아 부탁 하나 하자
내가 너에게 갈 때
지금보다 좀 멋지게 해줄 순 없니

거울은 원래 그렇게는 못 해

무無를 만나려 가출하다

산새가 남기고 간 빈 그림자 따라
발길 멈춘 산사山寺

아침 여는 스물여덟 번 종소리에
밤새 비워낸 귀 열고
동녘 햇살보다 먼저 서두는
산새의 비상에
밤새 비워낸 눈을 뜬다

엄숙한 경건을
물속에서 길러내 얼굴 닦고
기다린다

심장에서 요동치는 용암 덩어리
화산으로 오늘은 분출되겠지
뚫린 구멍 오늘은 보겠지

요사채 한켠에서 눈만 껌벅이다가
서른세 번 종소리에 어둠이 내려버리면
박동이 함께 어두워진다

오늘, 또 오늘이려나

거꾸로 보는 세상

심심하시다고요, 답답하시다고요!
그러시면 거꾸로 심심해보세요
그러시면 거꾸로 답답해보세요
항상 걷는 길만 걸으니까 그런대요

안경을 찾느라 애쓰지만 못 찾았다고요?
그까짓 안경 잊어버리세요
안경이 제 발로 나올 겁니다

어떤 사람이
깨치기 위해 화두 하나를 들었답니다

"수군인용, 호보람사 은연자, 호보연자 은람사"

평생을 들다가 마침내 깨쳐 열반에 드셨답니다
이것은 웃자는 이야기입니다

깰 수 없는 것을 깨려고 한 어리석음을 깨쳤다면
깨친 겔 겁니다
이것은 웃을 수 없는 이야기입니다

열반도 해탈도 웃음 속에 있는 것입니다
세상을 지금 웃자는 것이 삶입니다

“소주 만 병만 주소”를 거꾸로 봐도 같은 말입니다
쉬엄쉬엄 갑시다

나무와 바위가 전하는 말

나무가 홀로 거기 내내
서 있는 걸 보고
나무가 고독할 거라고 말하면
그건 나무에게 결례다

바위가 혼자 거기 내내
앉아 있는 걸 보고
바위가 슬플 거라고 말하면
그건 바위에게 실례다

나무는 고독으로 태어나 고독을 모른다
나무는
지나가는 모든 것을 기다린다
그가 서 있는 이유를 말하고자 기다린다
그래서 고독하지 않다고 말한다

바위는 침묵으로 태어나 말을 모른다

바위는
다가오는 모든 것에 침묵으로 말한다
그가 앉아 있는 이유를 침묵으로 말한다
그래서 슬프지 않다고 말한다

길道, 질주와 소요의 공간

나를 일으켜 세우는 것도
나를 걷게 하는 것도
공간을 칸 지우는 경계가
없기 때문이다

공간의 기적, 그 축복으로
길을 걷지만
더한 축복은
앞에서 마중하는 이가 있고
뒤에선 배웅하는 이가 있는 것

나는 배웅하는 이를 가슴에 품고
마중하는 이에게 다가간다

배웅하는 이가 멀어지는 만큼
마중하는 이가 아득하지만

그 길 위에서
앞모습보단 뒷모습이
흔들리지 않았으면 한다

2부

우리를 기쁘게 하는 것들

형광등 IQ

10층 엘리베이터 앞에서
종종
오름△ 버튼을 누르고 서 있다
엘리베이터에게
올라오라고

사람들은
당연히
내림▽ 버튼을 누른다

사람들과는 달리
종종
이런 일로 낭패를 본다

도척盜拓*과 시

이것도 시라고 우겨대는
도척을 이길 시인은 없다
그러나
도척의 고독을 아는가

그가 술을 마셔대는 이유를 아는가
그는 나무를 시라고 우긴다
우기기 위해 술을 마신다

싹이 돋아나면 시가 돋아났다고 한 잔
꽃이 피면 시가 피었다고 한 잔
꽃이 지면 시가 졌다고 한 잔

다른 것은 다 도둑질해봤어도
시는 훔치질 못했다고 통술

그의 고독을 시는 아는가
그가 폭음하는 까닭을 시는 아는가

* 『장자』에 나오는 유명한 도둑의 수괴. 도둑에게도 도리가 있다고 했다.

소통

–거시기와 머시기

이상한 나라에
이상한 회사 하나 있다
1년에 두 번만 회의를 한다

경영전략 회의
회장과 직원들만 참석한다
직원들은 회장에게
요즘 우리 회사는
거시기가 머시기 하지 않는다고 질타한다
회장은 반드시
거시기를 머시기 하겠다 한다

이상한 회사에도
노동조합이 있기는 하지만
위원장은 회장이다

노사 간 회의

위원장은 거시기를 머시기 했다고 한다

노조원들은
머시기를 확인하지도 않는다

이상한 회사다
사장 같은 것, 간부 같은 것이 없다
회의에서는 절대 메모를 하지 않는다
규정 같은 건 처음부터 없다

이 회사의 역사는 천 년이 넘었다

자존심

이제서야 고백합니다
나는
병상의 어머님, 목욕 한번 안 시켜드렸습니다
막돼먹은 불효자입니다

아내가 힘들어 보여
넌지시 말씀드려보았습니다
오늘부터 어머님 목욕 제가 시켜드리겠다고
사실인즉 지나가는 말이었죠

이제 어머님에게 목욕은
저쪽에 두고 온 일이 되었습니다만…

떠나시기 전
어머님께서 아내에게 말했답니다
어멈에게 미안하고 고마웠다고
당신 모습 차마 아범에겐 보이기 싫었다고

너에게 보이는 것이
아범보단 더 편하셨다고

주례님 말씀

1977년 11월 6일, 12시
가을비가 오는 둥 마는 둥 내리는 날이었다

물은 99.9도일 땐 끓지 않는다
0.1도가 부족해서 그런 것이다
99.9도는 물을 끓이지 못한다

신랑 신부는 0.1도가 부족한 미완성이다
서로에게 부족한 그것을 채워줘라
0.1도는 나머지 반쪽이다

미국에선 신랑 신부를
"더 베터 하프the better half"라고 한다
주례 선생님의 말씀이셨다

아내가 염색할 때도 기억해내지 못했다
신부였던 아내가

허리가 아프다고 한다
무릎이 저리다고 한다
안경을 들고도 찾는다
무슨 알약을 한 움큼씩 먹는다

이제서야 기억이 덜커덕 문을 연다
신부는 여지껏 0.1도가 부족한 채였다

밖에는
가을비가 오는 둥 마는 둥 내리고 있다

사랑하는 척 사랑하기

당신은 속고 있습니다
"당신을 사랑한다"는 말에

사랑은
끝없는 길을 마냥 걸어가는 것입니다
세상 사는 일
매사가 다 그렇습니다

당신을 사랑한다는 말은
이제 그 사랑
멈추겠다는 말이기도 합니다

무심하게 한마디 말 없이
"사랑하는 척하는 것"은
당신을 다 채워줄 순 없지만
그것은 변치 않는 사랑입니다

깊어서 당신이 보지 못하는

불꽃입니다

위로 흐르는 물

어머니!
먼 옛날 멀리서
당신을 기다리고 있었습니다

생각해보셔요
얼마나 그리웠으면
조그마한 몸 태워가면서
기다렸을까요

아!
멀리 아지랑이 너머에
검은 실루엣이 아른거렸습니다
나는 알았습니다
기다린 어머니 이제야 오신다고

어머니께서는 커다란 물동이
힘겹게 이고 오셨습니다

우리는 물로 만났습니다

물동이를 통째로 내, 마실 때
당신은 말라갔습니다

이제
위로 흘러
어머니의 가문 몸을 적셔주는
물이 되렵니다

오이디푸스 콤플렉스 부정

어머니!
언제였던가, 그날이 무슨 날이었는가
기억하지 못합니다

하지만
당신의 처음이며 마지막 노래는
아직 또렷합니다

"검은 빨래 검게 빨고, 흰 빨래 희게 빨 때
우당탕 꽃마차 소리, 님은 나 못 본 척 지나가네"

어머니!
그 노래 어디서 배웠습니까, 아니지요
어머니께서 지어내 당신이 불렀던 게지요

아버지의 바깥나들이, 그 인고忍苦 땜에
당신을 잊지 못하는 것 아닙니다

돌아오신
아버지께서 바깥나들이, 마치는 날
당신은 말씀하셨습니다

하늘에서도 종종 나들이하시라고,

어머니!
슬픈 노래가 슬픈 만큼 당신이 그리워집니다

우리를 기쁘게 하는 것들

–전철에서

엄마가
남매들 사이에서 동화를 읽어줍니다
그래그래
동화는 평생 가는 영양분입니다
엄마가 아름답습니다

앳된 여인이
남산만 한 배를 쓸며 미소를 보냅니다
그래그래
희망을 이야기하세요
아기는 듣고 있답니다
앳된 여인이 희망을 품고 있습니다

중년 여인이
시어머니 귀에 속삭입니다
할머니는 썩은 이빨을 환히 드러냅니다
그렇지요 그렇지요

평화가 바로 그것입니다
평화란 서로 보고 웃는 것입니다

딸이 어머니 되고 어머니가 할머니 됩니다
그것은 가시밭길일지언정
함께 걸으면 행복해집니다

비와 물방울 그리고 춤

비가 내리는
창밖을 내다보며

"하늘에서 비가 오면
물방울이 땅에서 춤을 춘다"

세 살배기 손녀의 시

나는 시 같은 것을 그만
접어야 한다

안분지족

왕으로 태어나고 살아오다
백성 둘, 사라지자 실각한 왕

절치부심하여 새로 이룬 왕국
영토 없는 궁전은 서른여섯 평
백성 수는 네 명

잃어버린 거대한 왕국처럼
넘치는 평화는

거대한 산보다 높고
깊은 강보다 깊다

밤과 어둠의 윤회

전철 창밖에
밤이 내려앉고
밤에서 일어난 어둠이 달린다

어떤 사내 하나도 덩달아 달린다

지친 어둠을
역驛은 살며시 불러 세우고
어둠은 잠시 밤 속에 숨다가
다시 어둠을 토해낸다

사내도 덩달아 따라 나온다

어둠을 사르고자 밤은 달리지만
어둠은 끝없이 끝을 감춘다

마침내

어둠은 밤으로, 밤은 어둠으로 윤회하는
쳇바퀴 속에서 멈추길 이어간다

만일에

무료함을 달래기 위해
생각 하나 붙들었다

그때 만일
어머니가 울지 않으셨다면
어머니의 눈물 보지 않았다면
나는 지금 무엇일까

그때 만일
어머니의 눈물, 어머니의 울음
못 본 체하였다면
나는 지금 누구일까

지금 만일
내가 무료하지 않다면
나는 지금 누구일까

훗날 만일
내가 무료하지 않다면
어디서 무슨 생각 붙들까

자유 + 해방, 우물 안에서

우물 안 개구리 하나가
왕으로 등극했다
나는 왕이로소이다

너희에게 자유를 주리라
해방까지 얹어주리라

오!
왕이시여! 왕이시여!

불경을 저지른 백성 하나가
우물에서 추방되었다

어느 날 추방된 백성이 우물 속으로 외쳐댔다

"아니야! 밀폐된 자유야, 해방의 가두리야!"

우물 안 백성들이 저마다
혼자서 중얼거린다

"추방이라면 몰라도 탈출은 불가능해!"

눈에 익은 풍경

개미들이 숨을 턱에 걸고
걸으며 구르는 한낮이 지나면

벌들이 잠깐 눈 붙여
젖은 날개 다시 돋을 때면

나는 왕이다, 아니다 너는…
나는 고결하다, 아니다 너는…
나는 법을 지켜 살았다, 아니다 너는…
나는 조국을 평생 사랑했다, 아니다 너는…

너는 군대도 안 갔다, 아니다 나는 못 갔다
너는 벽을 쌓았다, 아니다 나는 허물었다
너는 타락의 중심에 있다, 아니다 나는 그렇지 않다
너는 백성을 쓰레기로 안다, 아니다 나는 백성을 왕으로 모신다

어떤 나라의 TV 논쟁이다

그래
너는 왕이다, 더 잘해다오
너는 고결하다, 더 고결하여다오
너는 법을 지켜왔다, 더 지켜다오
너는 조국을 사랑했다, 더 사랑해다오

이따금 등장하는 어떤 다른 나라의 TV 좌담이다

3부

노자와 함께 커피 한잔

거리의 악사

지친 걸음이 피곤을 끌고 가는
어두운 거리 한켠에
어둠을 안고 서 있는 악사

날개 부러진 여린 영혼을
보듬어 담는다

거리의 악사는 지친 하루의 영혼을
현絃 위에 잠재우고
지친 영혼은 발걸음을 추스른다

거리의 악사는
영혼의 상처를 보듬는 천상의 악사

박제된 날개

날자, 끝까지 날자
부딪혀 접힐 때까지 날아보자

부딪혀 접히면
관성으로 날았습니다

날개가 접혀서 손이 되었습니다
꼬리가 접혀서 발이 되었습니다

하늘은 땅이 되어버렸습니다
땅에서 부딪히는 것들은
아픔뿐이었습니다

부딪혀 아플 것들이 또 다가오고 있습니다
습관적으로 아픔을 사랑하게 됩니다

박제된 날개는

습관적으로

부활을 꿈꾸고 있습니다

노자와 함께 커피 한잔

온 누리가 가을걷이에
부산한 오후
와도 그만 가도 그만인
산사 앞 노천카페에서
머리 흰 노인과 만났다

어서 오라는,
처음 본다는 한마디 말 없이
흰 노인은 웃기만 한다

출렁거리는 커피 잔 속에
일렁이는 제 얼굴 보고
웃기만 한다

가라앉은 제 얼굴 보고도
웃기만 한다

해 질 녘, 헤어질 때도
잘 가라는,
또 만나자는 한마디 말 없이
웃기만 한다

일어서며 나도 따라 웃는다

바다와 헤밍웨이

헤밍웨이가
드넓은 바다로 간 까닭은
거기에
그가 있기 때문이다

헤밍웨이는
자기를 만나러 바다에 나갔다

눈길 한번 주지 않는 자기를 붙잡아
뱃전에 매달았다

돌아오는 길에, 그들 사이
한마디 말
없었다

항구에 도착했을 때
뱃전에는 뼈만 매달려 있었다

뻐를 죽이기 위해서는
엽총이 필요했다

짧은 만남 긴 이별

짧은 만남이 슬프기보다는
긴 이별이 슬프다
만남이 길어지면 이별이 슬프기에
짧게 만나자

짧게 만나면
이별이 길어도 슬프지 않다

세상살이엔
이별에 앞서 만남이 먼저 있기에
긴 이별보단
짧은 만남이 더 슬프다

길게 만나자
길게 만나 이별을 연습하자

기 - 인 만남 속에 잠든 이별은

그대로 두자

낯선 거리에서
스치듯 만나 영영 이별하는
우리들
그렇게는 만나지 말자

만남 속에 잠든 이별
깨우지 말고
길게 만나기만 하자

탑골공원을 이용하는 노인의 여가 활동 참여와 자긍심, 고독함, 무력감, 주관적 안녕과의 관계*

탑골공원은
과거의 자긍심이 고독해지고
고독감마저 무력하게
탈색되는 침묵의 공간이다

12시쯤, 무료 급식
거기는
자존을 지탱했던 젊음이
화석 되어 한 겹 지층을 쌓고
회색의 빛깔이 검어지기 전
잠시 머무는 간이역이다

그곳은 아직 폐광이 아니다
오늘도
젊음을 캐내기 위해
늙은 탄부들이 램프 등 켜 모여드는

회색 공간이다
채굴을 기다리는 살아 있는 탄맥이
아직도 검게 빛나는 곳이다

탑골공원을 이용하는 노인은
세월이 짓밟은 탄부炭夫다

* 2015년 7월 26일 오후 1시 거기서 만난 학생들의 앙케트 조사 제목.

5월이 오면

아카시아 향기에
제 몸이 취하는
5월이 오면

커피가 식어간다고
식기 전에 한번 들러달라는
그녀의 가는 목소리에

내, 그러마 자는 흰 다짐
흐트러져
아카시아 향기 숨을 거둘 때
함께 떠나지 못하는 5월은

허튼 다짐 끌어안고
여지껏 서성인다

뼈를 낚는 낚시꾼

시 같잖은 내 시에는
항상 뼈들만 뒹군다
어줍은 뼈들이 살이라고 한다

지금 막 건져 올린
낚싯대 끝에도 뼈만 대롱거린다
살점이라곤 한 점도 없다

풍만하게 뼈를 감싼
살은 찰진 먹거리
영양가 있는 시일진대
옥 같은 시일진대

나는
열심히 체온을 호수에 던진다
나는 뼈만 되어간다

뼈가 낚는 것은 뼈뿐이다

내여집* 아그네스agnus

IMF가 칼이 된 것은
칼의 의지가 아니었다

칼날에 쓰러진 숱한 우리들
그들이 내여집으로 몰린 까닭은
그들의 의지가 아니었다

화산은 안에서 분출되는
붉게 살아 숨 쉬는 의지

내여집은 타살된 화산이
불씨를 다시 살리려는 곳

그들은 누구의 아그네스였는가

새로운 아그네스를 찾아

WTO는 오늘도 혈안이다

* IMF 때 민간 구호단체가 갈 곳 없는 사람들을 위해 "**내일을 여는 집**"
이란 이름으로 만든 쉼터, 안식처.

남한산성 블루스

1636년 병자년 12월 14일
동이 트려면 아직 이른 새벽
어둠 가르며 도둑처럼
도성을 빠져나온
어두운 행렬이 송파 나루터에 이른다

죽은 자는 역사를 껴안고 묻혀
말이 없는데
남한산성 돌멩이 하나 풀포기마다는
죽어버린 역사를 안고 살아간다

47일 후, 1637년 1월 30일 정오 무렵
곤룡포 벗기고 뙤국놈 군복 입힌

인조가 무릎 꿇린 삼전도 치욕은
조선의 능욕이었다

치욕을 당하느니 차라리 죽음이 낫다고
의義를 외쳤던 기개는 허세였다
능욕은 죽음보다 나은 개똥이었다

환향녀還鄕女의 찌든 행색 앞에서도
의는 끝내 살아날 줄 몰랐다

슬프게 보이는 것들

목이 길어서 슬플 거라지만
사슴은 슬프지 않다

연어!

이름 모를 산천서 나와
물어물어 길 찾아
태평양 깊은 곳에 터 잡고

이제 풍만한 여인으로
거울 앞에 섰을 때
혼자 헤쳐 살아온 하세월
속에 묻어둔 서러움이 저민다

고향 찾아 나선 연어
떠날 때 매달아 둔 슬픔 보따리
찾기 전까지

그녀는 슬플 수 없다

솟대 끝
여지껏 나부껴 기다리는 슬픔
고이 내려 불사를 때
연어는 그때야 슬펐다

매일 만나는 친구

우리는 오랜 친구
뉘 부르기 전에
먼저 보는 하늘과 땅
손이 짧아 악수 못 나누지만
우린 만남에 익숙하다

우린 서로
눈으로 만난다
때론
바람과 비로 만난다
어둠으로
한 몸 되기도 한다

부르기 전에 먼저 보는
우리는
태초가 현황玄黃하기 전부터

쌍으로 된 하나

매일 만나는 오랜 친구

상엿집에서
–생명놀이

비탈진 산기슭 외진 곳에
상엿집 하나, 귀신처럼 있었다

마지막으로 타는 상여는
처음 타보는 가마 같지만
안고 온 설렘
버리고 타는 것이다

여름밤 깊어지면
상엿집 언저리에서
흔들거리는 불빛은
망자가 남긴 절망이라고 해서

마주칠까 봐
눈길마저 거두는 곳

신새벽 오기 전 뉘 볼세라

앞집 형, 충혈된 눈 감추고
뒷집 누님, 발소리 죽여 사립문 밀친다

상엿집은
절망을 딛고 생명이 싹트는 곳

낙엽 지는 날에서조차

우리 언제 만났었던가
사치스러운 말 해본 적
언제 있었던가

바람 부는 날
낙엽도 함께 지는 날 오면
탄천 물가로
아내를 불러낸다
손 한번 잡아볼 요량으로

무슨 일 있느냐고
무슨 할 말 있느냐고, 묻는다

화살 타고 살아온 찰나 간에
우리 무슨 일 있었던가
무슨 할 말 해봤던가
털끝만 한 호사, 우리 사이 한번 있었던가

나에게 무슨 할 말
언제쯤 있을런가

탄천에서조차
아내 손 잡아보지 못한다

이상한 나라의 검은 동화

전 재산 바쳐 항일抗日한 조상
파산되어버리고
맑은 피 한 방울 유산 받은 후예들이
단상에서 훈장을 받는다

친일親日로 가문 일군 조상
그 재산 상속받은 검은 피가
앙상한 손마디에
훈장 쥐여주며 무너진 어깨
토닥거린다

항상 이러자고,
우리 조상들에게 서로 예배드리자고
이상한 나라의 검은 동화가
검어간다

4부

수탉의 체념

수탉의 체념

나는 새 되고파
온몸 추슬러 홰를 쳐보지만
오르지 못하는 수탉

날지 못하는 한이
피를 토하는 울음으로
새벽을 알린다

이건
비상의 날개를 접는 수탉의 체념이다
세상이 말하는 수탉의 지혜가 아니다
닭마저 날아오른다면
나는 새들은
날개를 꺾어야 한다

수탉의 체념은 새들에게
자유로운 공간

우리 다시 만날 때는

행여
우리 다시 만날 때는
어제 입었던 무거운 옷
벗어버린 알몸째로 만나자

어제 감춰놓은 모습
버리고 만나자

어제 속 우리, 잊지 않기로 하자

행여
우리 다시 만날 때는
처음처럼 만나자

가을에 떠나는 이별들

노랗게 익어가다 그만
색깔의 무게 들지 못하고
은행나무 이파리
숨을 거둔다

가지 떠나는 이파리 외로울까
한 줄기 바람이 동행한다

가지에 고하는 이별은
이파리의 체념일까
가지의 결단일까

떨어지는 이파리 상처 날까
받쳐주는 바람의 마음

어딘들 없을까, 우린들 없을까

불가능한 살해

이놈은 죽어도 쌉니다
이놈을 죽여야 합니다

이놈은 힘이 장사입니다
인정이라고는 서푼어치도 없는 놈입니다

이놈이 나에게 부린
패륜은 차마 입에 담지 못합니다

이놈을 죽이기로 했습니다
이놈은 몸이 없는 놈이라
죽인들 발각될 일이 없습니다

이놈을 죽였습니다

이놈은 칼을 맞고도
피 한 방울 흘리지 않았습니다

완전범죄였습니다
그런데
이놈이 다시 살아났습니다

죽지 않았다고, 죽일 수 없다고
더 못되게 행패를 부립니다

악랄한 이놈, 그 이름은 "그 - 리 - 움"

매일매일 산에 오르는 까닭

숨이 턱에서 허덕이도록 산에 오른다
정상이면 좋고 중간쯤도 괜찮다
사람이 없다면

이 한 몸 단련하고자
못 볼 것 안 보고자
메르스를 피하고자
오르는 것 아니다

옛적에
가뭄 들고 역병 돌면 조정이 했던 일
되새기고자 하는 것도 아니다

100년 전, 어떤 제국의
망해가던 얼굴, 그 서글펐던 얼굴
기억하는지 묻고자이다

사람이 없어야 미친놈 소리 듣지 않는다
하늘이 미친놈이라 한다면
하늘마저 미친 것이다

오적五賊에 의한, 오적을 위한, 오적만의 세상 만들기

$1^0 = 0$

$1^1 = 1$

$1^2 = 1$

이것은 수학의 법칙인데

$2^1 = 2$

$2^2 = 4$

$2^3 = 8$

이 또한 사람이 탐내는 법칙이다

오적은
호랑이가 담배 피울 때부터
점지받은 불사조

우리 이렇게 하면 어떨까

오적을 인정하자

오적에게 오적을 없애라고 하니까
불사조가 된다
날이면 날마다 커져간다

그래서 이렇게 하자

오적으로만 살아가도록 하게 하자
뻐다귀 몇 개쯤은 던져주자
없애려고 헛수고들 그만하자

우리 그렇게 하자

꽃잎에 맺힌 이슬

꽃잎에 맺힌 이슬
행여
꽃물 들세라
동그라미로 울타리 쳤다

다투어
일곱 빛깔로 치장
꽃보다 아름답고자 경염인데

햇빛이 아니면 결코
근접을 허락하지 않는
순수의 열정

얼마를 거르고 또 거르면
저 순수에 닿을 수 있을까
닿아
햇빛에 반짝일 수 있을까

찔레 향기

누님 등에 업혀
엄마 일터로 가는 길엔
가시 세운 들찔레가
길을 막아서곤 했다

아차
실수로 찔린
누님의 손가락이 흘린
핏방울

피로 문지르면
저 하얀 야성의 꽃잎
물들어
빨갛게 웃을까

다시 피어날 어머니

어머니!
당신께서
아버지의 아내가 되었을 때
당신은 여자가 되어가고 있었습니다

당신께서
나의 어머니가 되었을 때
당신은 여자가 되었습니다

어머니!
당신께서
남몰래 눈물 훔칠 때
당신은 들꽃이었습니다

당신께서
평생 지닌 것이 오직 눈물뿐이었을 때
당신은 꽃보다 더 아름다웠습니다

어머니!
다시 오실 땐 들꽃으로 피지 마십시오

산고産苦는 신비神秘를 낳고

동생과 나는 세 살 터울
내 첫 기억은
캄캄한 밤중으로 간다

할머니의 숨죽인 몸놀림
어머니는 비명을 터트리고
뒤이은
생명의 처음 소리

동토凍土를 헤치는 새싹처럼
자궁을 열어젖히는 소리가
적정寂靜의 벽에 틈새를 새긴다

나는
희미한 호롱불 아래서
탄생의 신비를 목격했다

배꼽에서 나온다는 생명의 탄생

아침에는
울 밑에서 꽃망울이 터졌다
밤새껏 봉선화는
혼자서 산고를 겪었다

저 홀로 저를 보며 저를 만들었다

입원하는 친구 곁에서

할미꽃처럼
친구는
휠체어 위에서 고개를 꺾었다

봄과 여름의 경계를
창밖 햇볕은 할 일 없이 서성인다

뭇 절망이 희망 하나 붙잡고
흔들거리며 서 있는 진료실 앞에서

나는 친구의
신神을 기다리고 있었다
장엄하게 울리는 신의 소리

입원하라고, 그러나 퇴원은 없다고

퇴원 없는 영원한 입원

절대의 선언이었다

나는 절대에게 "어떻게 좀 살릴 길 없겠느냐"는
상대를 꺼내어보았지만…

끝내 친구는
병실에서 나와 장례식장으로 입원했다
절대는 절대로 절대다

봄이 여름의 문턱을 막 넘어서고 있었다

겨울 적막

여기 이 언덕에 겨울이 온다
메마른 할매 손등에
닳아진 가죽처럼 온다

여기 이 언덕에
겨울이 적막을 깐다

봄, 여름, 가을의 무명실
한 오라기 놓칠세라
베틀에 올려

마디마디 피 흘려 짠
전설을 깐다

할매가 휘~이~ 신음 토하며
베틀을 내려온다

전설이 겨울옷을 입는다

서시 변형

하늘 우러러 한 점
부끄럼 없기를 바라는 마음으로
지우고 싶은 부끄러움을
땅속에 묻었다

세찬 비바람
땅속을 휩쓸면
썩지 않은 부끄러운 잔해가
하늘에 오른다

하늘 우러러보면

너울거리는 넝마가
부끄럽다

넝마에 새겨진 주홍글씨는
지울 수 없나 보다

무너지는 기억들

사랑으로 눈병 앓아
눈 감으면
망막에 아지랑이 너울거리고

슬픔으로 가슴 앓아
조아리면
타는 가슴 재가 된다

어둠으로 묻고자 어둠 헤치면
불씨 하나
가을밤 하늘에 오른다

옥죄는 기억들 헝클어
새도록 밤을 더듬어가면

가을밤 하늘에서
내려다보는 별들이었다

사모곡思母哭 2

이쪽과
저쪽
그리움을 싣고 달리는
완행열차

먼 길 여정 접고
잠시 쉬어보는 간이역에서
마음으로 피워내는
사모思母

코스모스 흐드러진
시그널도 없는
이쪽저쪽 사이로

어머니의 세월이
실려 오다 멈춘다

5부

박제된 시간에서

그림자 보며 해보는 헛생각

길을 걸으면 걸어오는 그림자
걸음 멈추면 따라 그친다

이상하다
나는 서서 걸어가는데
그림자는 누워서 따라온다
공간이 평면으로 누웠다

그림자가 걷고, 내가 뒤따른다면
그림자가 입체이고, 내가 평면이라면
참말로 이상하다

나는
그림자를 파묻기 시작했다
그런 후, 땀을 훔칠 때
그림자도 땀을 훔쳤다

별

그리움만으로
사랑만으로 끝내 닿을 수 없는
닿을 수 없으므로
영원한 향수가 되는

별은

가슴에 심지 박았을 때만 타는
불빛이다가
불빛으로 외로움 태워냈을 때만
뜨거운 가슴이다가

끝내

소등하지 못한 채
걸어둔

등

말言語놀이

토끼가 달에서

사람이 사는 지구를 무어라 할까

달에서 토끼가

지구에 사는 사람을 무어라 할까

소통과 소외는 소 자 돌림

거기 누구 없소?

적탄이 남긴 뱃자국 흉터
잊기 위해
19도를 마셨소

흉터가 또렷하여 더 마셨소
파장 무렵이 다가오자
흉터는
가슴에 와 앉아 있더이다

잊기 위해
24도를 통째로 들이부었소
가슴의 상처가 몸부림치며
몸 안의 물기라곤 죄 마셔버렸소

심하게 목이 마르오

그런데 물이 없소

내게 한 모금 물 줄
누구 거기 없소이까?

추억追憶 → 무억無憶

추억이란 지나간 화면에
남아 있는 잔상殘像
가슴으로만 더듬어야 할 허상虛像

화면이 닳아질수록
또렷해지는 마상魔像

낡은 화면이 찢기어 없어지면
추억은 무엇이 될까

풍금 소리

발바닥으로 바람 모아
손가락이 건반에서 놀면
하늘에 울려 펴지는 소리

보리는 아직 고개를 넘지 못해 푸르고
절반쯤 불타 없어진 초등학교에
풍금은 하늘의 것

보리가 고개를 넘어 전설이 되고
하늘 향했던 울림
메아리마저 전설 되자
영혼의 색깔은
검어만 갔다

이제 환청으로만 기억되는
풍금 소리는 여전히
하늘의 것

혼불

초저녁
건넛마을 최부잣집 지붕 너머로
혼불이 너울거렸다

잊기 위해 버리는 것은 가볍기 위한 것
가려 잊지 않고
잊음마저 잊는 것은 비상飛上을 위한 것
세상을 이어가는 무지개 같은 것

늦저녁 밤중
건넛마을 최부잣집 어르신
혼불 타고 가셨다

구름과 달

달이 구름 밖으로
얼굴 내밀다 말고 숨어버린다

열화 같은 리턴 콜
끝이 없으면
달은 구름을 열고
조용한 미소 내보인다

달 없으면, 구름마저 없으면
하늘은 조용히 외로워진다

무지개

하늘이 땅에게 보내는 손짓으로
우리는 하나라는 눈짓으로
무지개가 펴 내린다

소낙비 한바탕 쓸고 간
넉넉한 들판에
하늘이 내리고 땅이 오른다

들판이 뒤집혀 거친 광야 된 후
이쪽 사람이 무지개를 걸면
저쪽 사람도 따라 건다

보수의 무지개를 진보가 덮고
진보의 무지개를 보수가 덮는다

사람이 내건 무지개는 어느 것 하나

하늘에 오르지 못하고 떨어진다

그 자리엔 애먼 피들만 낭자하다

수술

철제 침대의 냉기가
등 뼈마디를 들쑤신다
어디론가 굴러가는 분주한 바퀴 소리
어지러운 미로 끝에 멈춘다

간호사가
여기서 보호자님과 인사 나누라 한다
이제껏 나를 세워왔던
자존의 감정이 흐물거린다

이건 아닌데, 이러는 건 아닌데…
마누라와 인사 나누기 위해
여기 수술대에 오른 건 아닌데…
아직은 아닌데…

반쪽 된 마누라 얼굴이 천장에
매달려 흔들거린다

0.5그램의 이름 모를 앰플이
그리도 쉽게 두꺼웠던 시간을 마취한다

내 자존의 의식은 서푼어치도 아니란 걸
다섯 시간 후에 알았다

코리안Korean 디아스포라Diaspora

이 세상 어디라도
그들은 간다
이 세상 어디에서도
그들은 돌아온다

"단 한 명의 병사라도 홀로 적진에 남지 않게 하라"
미국 병사에게
출항은 희망이고 귀향은 믿음이다

반도에서 북간도로
북간도에서 사할린, 카자흐스탄으로
베트남 정글에서 길 잃은 병사들
코리안 디아스포라!

그들은 아직껏 거기
방황하는 길 잃은 디아스포라!

"그들을 조국의 품으로"

현충원 유해 발굴 감식단 청사 휘호석에
선명하게 새겨져 있다지만…

우리들만의, 우리들의 언어

새들의 소리는 바람이 듣고
나무의 소리는 뿌리가 듣고
물고기의 소리는 호수가 듣고
호수의 소리를 하늘이 듣는다

거기에, 공간은 열려 있다

사람의 소리는 사람조차 모른다
사람들은 말로 안다
얼굴빛이 다르면 말도 달라진다

거기에, 공간은 닫혀 있다
사람들은 서로가 바르바로이barbaroi다

말이 같아도 생각이 다르면
서로가 바르바로이다

조그마한 한 뼘 땅 아래서
우리는
같아도 갈라져
서로가 바르바로이가 된다

멀리 있는 것들

하늘을 어둡게 칠하고
불 밝히는 별들은
멀리 있기에 보석 같은 것
만날 수 없기에 아름다운 것
보기만 하기에 순수한 것

별이 아니어도
멀리 있어 보석 같은 것들
만날 수 없어 아름다운 것들
허튼 말 없어 순수한 것들

천지 사방에 지천으로 널린 것들
멀리 있는 가까운 것들
가까이 있는 먼 것들

그래도 바람이 되리라

훗날 내 모습 벗기면
한 줄기 바람 되어
그대 곁 맴돌리라

훗날 내 모습 찾아도
한 줄기 바람 되어
그대 오롯이 감싸리라

그대 창 뚫지 못하고
무너지는 아픔일망정
기꺼이 바람 되리라

내
못다 한 옹알이 실어
그대 귓전에 속삭이리라
사랑했노라고

박제된 시간에서

산 너머로, 그 너머로
가보고 싶어
소년은 연鳶을 띄운다

산 너머로 그 너머까지
날아온 연은 그만
탯줄을 끊는다

소년은 산 너머에
아직도 소년인 채
탯줄을 쥐고 있다